SYLVIE GIRARDET • PUIG ROSADO

LA RUE DE TOUS LES DANGERS

ou comment les apprivoiser

Avec le soutien de la Sécurité routière

HATIER

Sommaire

ISBN : 2.7438.0307.X - Dépôt légal : 27967-oct.2002
Loi n° 49.956 du 16 juillet 1949 sur les publications destinées à la jeunesse.
Imprimé par Pollina S.A., 85400 Luçon - N°L87939

La rue des monstres

Il était une fois une ville du nom de Piétonville, envahie par des monstres terribles, les monstromobiles. Ces horribles bêtes foncent à toute vitesse. De leur derrière, sort un gaz malodorant et polluant qu'elles lâchent avec un bruit d'enfer.

Les habitants de Piétonville sont terrorisés par les monstromobiles : à chaque fois qu'ils traversent leur territoire, ils risquent leur vie !

La fête foraine s'installe à Piétonville. Pour s'y rendre, il va falloir traverser la rue des monstres. Le mille-pattes en frémit d'avance : il marche si lentement qu'il a déjà perdu 87 pattes, arrachées par des monstromobiles pressées.

La grenouille l'a échappé belle : impatiente, elle saute au milieu des monstres sans attendre qu'ils s'arrêtent...
L'autruche a tellement peur de traverser qu'elle préfère ne pas regarder.

Le chimpanzé rencontre le chef des monstromobiles pour trouver un accord : des passages réservés aux piétons seront peints sur le sol, des vers luisants

allumeront le bout de leur
queue, d'abord en rouge pour
que les monstres s'arrêtent, puis en vert.
Les monstromobiles pourront alors rouler
et les piétons attendront leur tour pour passer.

La tortue est soulagée : cela lui évitera
peut-être de nouvelles bosses sur sa carapace
déjà bien abîmée.

Les habitants de Piétonville traversent en faisant très attention !

Les vers luisants sont à leur poste : tout le monde a les yeux rivés sur la couleur de leur queue.

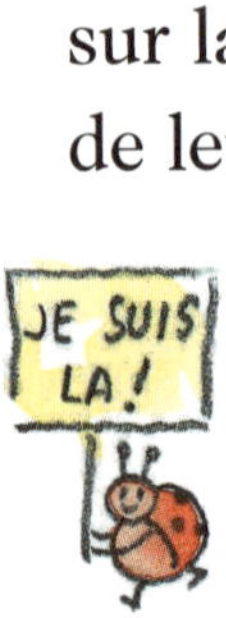

Le lièvre ouvre ses grandes oreilles pour entendre les monstres arriver. Le lynx, avec ses yeux de lynx, regarde au loin.

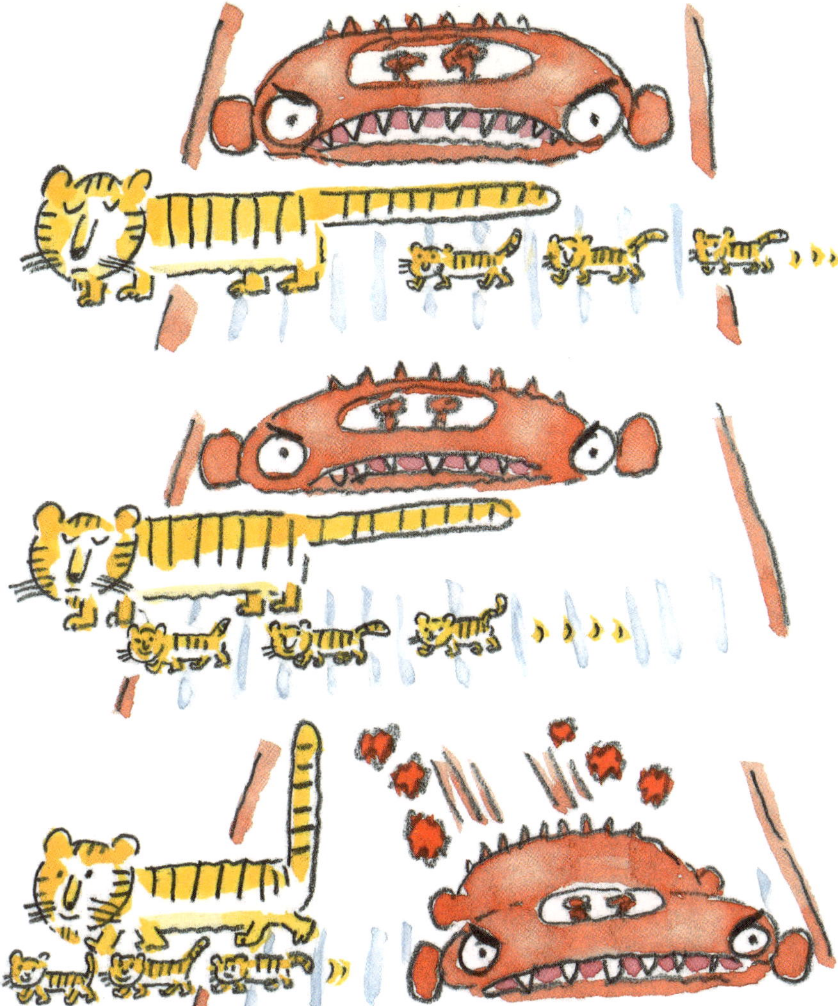

La maman tigre surveille ses petits.
Certains habitants aident les autres à traverser.
La fête s'annonce bien. Les monstromobiles semblent moins méchants.

Petits et grands, parlons-en...

Traverser une rue est difficile et dangereux. Les voitures et les piétons doivent faire très attention les uns aux autres.

Des feux tricolores sont souvent installés près de passages piétons. Tu peux traverser uniquement quand le feu est rouge et le petit bonhomme vert allumé et quand toutes les voitures sont arrêtées.

Ne fais pas comme la grenouille ! Il faut savoir être patient. On a parfois l'impression d'attendre très longtemps avant de pouvoir traverser. Quand il n'y a pas de feu rouge devant les passages piétons, attends que les voitures soient arrêtées ou qu'il n'y en ait plus à l'horizon.

Avant de traverser il faut bien regarder en tournant la tête vers la gauche puis vers la droite pour être sûr de bien voir ce qui arrive. Regarde les voitures pendant toute la traversée de la rue. Ne fais pas comme l'autruche !

Pour traverser il faut voir et être vu : tu es petit et les conducteurs ne te voient pas toujours. Fais très attention en descendant d'un autobus et quand tu traverses devant lui. Il te cache et il cache les voitures qui roulent à côté de lui.

Apprends à écouter les bruits de la rue. On peut entendre une voiture arriver avant de la voir. Ouvre bien tes oreilles !

Certains adultes traversent quand il ne faut pas. Ne les suis pas. Choisis de préférence les passages où il y a un policier pour t'aider.

Pour les grands :

Savez-vous qu'un enfant a un angle de vision de 70 ° alors que le vôtre est de 190 ° ?

Savez-vous qu'il faut quatre secondes à un enfant pour percevoir si une voiture est en mouvement alors qu'il vous suffit d'un quart de seconde ?

« Pour traverser sans danger, pas question de rêvasser. »

Trottoirs piégés

Il était une fois une petite fourmi rouge qui partait chez sa grand-mère avec des gâteaux et un petit pot de beurre.

« Fais bien attention », lui dit sa mère en lui enfonçant un joli bonnet rouge sur la tête.

« La rue est dangereuse. Marche uniquement sur les trottoirs et méfie-toi des monstromobiles. »

Le soleil brille sur Piétonville.
Les promeneurs marchent gaiement.

Même les tortues semblent
heureuses d'aller à l'école !

La petite fourmi rouge se sent toute guillerette. Elle gambade et sautille sur ses petites pattes.

Oubliant le danger, elle s'approche du bord du trottoir. Une monstromobile la frôle. Elle tombe et se relève tout étourdie.

Soudain
la promenade
tourne au cauchemar !
Devant elle un hérisson se fait assommer
par la portière d'une monstromobile qui vient
de se garer.

Un bolide à trottinette frôle une vieille
maraboute qui tremble de toutes ses plumes.
Pourvu que les lièvres ne la renversent pas !

Le hibou ferait mieux de regarder
où il met les pattes.

Et que fait ce vélo ?
Il devrait être sur la route.

Pressée d'arriver, la petite fourmi court
de toutes ses pattes.

Et la voilà qui se cogne contre un loup grognon.
Elle reprend sa course de plus belle
et manque de s'évanouir quand, soudain…

…une monstromobile qui sort d'un garage rugit tout près d'elle.

Ouf ! la voilà chez sa grand-mère. Jamais elle n'aurait pensé que marcher sur un trottoir pouvait être si risqué.

Petits et grands, parlons-en...

Il faut marcher sur les trottoirs pour être en sécurité. Mais attention, reste prudent. Les trottoirs aussi peuvent être dangereux.

Ne t'approche jamais du bord du trottoir, une voiture pourrait t'accrocher ou te faire tomber en roulant près du bord.

Si tu es trop près du bord du trottoir, tu peux être blessé par la portière d'une voiture qui s'ouvre brutalement.

Méfie-toi des sorties de garage. Une voiture peut surgir brutalement sur le trottoir. Éloigne-toi des portes de garage pour ne pas risquer de te faire coincer dans le mécanisme.

Si tu te déplaces en roller ou en trottinette, tu es considéré comme un piéton. Tu dois donc rouler sur le trottoir et jamais dans la rue. Ne va pas trop vite. Tu peux provoquer des accidents en faisant tomber des piétons. N'oublie pas que tu n'es pas tout seul.

Jusqu'à huit ans, tu peux rouler à vélo sur le trottoir, après tu dois aller sur la route.

Regarde où tu mets les pieds quand tu marches. Il peut y avoir des obstacles sur le trottoir : travaux, poussettes, bébés, personnes âgées...

Pour les grands :

Pensez-vous toujours à regarder avant d'ouvrir votre portière ?

Sortez-vous toujours très lentement d'un garage ?

Que faites-vous si des rollers s'accrochent à votre voiture ? Le mieux est de s'arrêter doucement et de les inciter à rejoindre le trottoir.

« Du matin au soir, prudence sur les trottoirs ! »

Un terrain de jeux dangereux

Il était une fois des chatons,
des moutons, des cochons et leurs petits
compagnons prêts pour aller jouer.

En un clin d'œil, les boules
et les ballons sont rassemblés.

Les moutons entament une partie
de saute-mouton sur le trottoir.

Plein d'énergie, l'un d'entre eux saute
et s'envole un peu trop loin …

Les petits chats jouent à chat.
Celui-ci franchit la bordure du trottoir
et le voilà au beau milieu de la rue.

La monstromobile a bien failli l'attraper !

Les poussins, pas très malins,
jouent à cache-cache.

Une monstromobile recule.
Comment pourrait-elle voir le petit poussin
caché contre son derrière ?

Et le voilà plat comme une crêpe !

Sur la place, la partie de ballon est endiablée.

L'âne, cet âne, court dans la rue pour rattraper la balle qui s'est échappée. Une monstromobile manque de l'estropier.

Le cochon a lancé le cochonnet
sans mesurer sa force.
Il ne devrait pas aller le chercher
sans regarder, il court un grave danger !

Terrorisés par ces aventures,
les cochons, les moutons, les chatons
et leurs compagnons se rendent enfin
au jardin de Piétonville. En toute sécurité,
ils y font une partie de ballon rond.

Le jeu ne s’arrêtera que
quand la lune se lèvera
et que leur mère les appellera.

Petits et grands, parlons-en...

Pour jouer avec tes amis, il faut aller dans les squares et les jardins publics. Les trottoirs ne sont pas des terrains de jeux.

Ne cours jamais dans la rue ! Ni pour traverser, ni pour retrouver un ami de l'autre côté du trottoir. Ne te laisse pas entraîner dans une partie de chat.

Ne reste jamais derrière une voiture en stationnement. Elle peut reculer brutalement.

Ne joue jamais au ballon sur les trottoirs. Il pourrait t'échapper et rouler sous les voitures. Si cela arrive, surtout ne va pas le récupérer. Mieux vaut que ce soit lui qui se fasse écraser plutôt que toi.

Pour les grands :

Savez-vous qu'un enfant n'est pas un adulte en miniature ? Il est inconscient du danger. Il se sent en sécurité sur le trottoir et dans la rue. Les adultes doivent être prudents pour deux !

Savez-vous qu'un enfant cherche d'abord à satisfaire ses propres besoins ? Rejoindre un ami de l'autre côté de la rue ou rattraper son ballon est plus important qu'observer la circulation. Ralentissez à la vue d'un enfant.

Êtes-vous toujours sur vos gardes en apercevant des enfants qui jouent sur le trottoir ? Ils peuvent surgir devant votre voiture d'une seconde à l'autre.

Pensez-vous toujours à regarder dans le rétroviseur quand vous reculez pour démarrer ?

« Attention, les mignons, la rue n'est pas une cour de récréation. »

Petit Pingouin roule à vélo

Il était une fois un petit pingouin
qui venait du pôle Nord.

Le soleil brille sur la route
et la neige fond comme neige au soleil.

Point de neige, point de ski !
Piétonville n'est pas tout près,
impossible d'y aller à pied.

Pour pouvoir avancer, petit Pingouin achète
à un renard un engin très, très bizarre.

Petit Pingouin s'installe sur son engin, mais celui-ci n'a pas de freins. Il se retrouve dans le ravin.

Son écharpe s'est coincée dans les roues et il manque de s'étrangler.

La nuit tombe, il ne voit rien.
Et le voilà qui tombe aussi !

Pneus gonflés, freins resserrés, lampes accrochées, le vélo est réparé. Joliment casqué, en toute sécurité, petit Pingouin peut enfin démarrer.

Petit Pingouin
découvre vite qu'il faut rouler
bien à droite de la route
pour éviter les chocs.

Jamais il ne devrait discuter à côté de la petite
pingouine à vélo.

Cette monstromobile
qui ne peut pas les doubler
risque de s'énerver.

Caché derrière un énorme monstre,
petit Pingouin se croit en sécurité.

Mais le monstre qui n'a pas vu ce tout petit
pingouin sur son tout petit vélo le balaye
d'un coup de derrière.

Petit pingouin jure, il n'est jamais trop tard, qu'on ne l'y reprendra plus.

SENS INTERDIT

INTERDICTION DE TOURNER À GAUCHE

Il est désormais le roi de la prudence !
Les panneaux de signalisation
n'ont pas de secrets pour lui.

CROISEMENT, PRIORITÉ À DROITE

INTERDIT AUX VÉLOS

Petits et grands, parlons-en...

Il faut être très prudent quand on roule à vélo. On partage la route avec les voitures et on doit respecter les mêmes règles qu'elles.

Roule sur un vélo à ta taille. Vérifie l'état des freins, des pneus et des lumières. Ajoute un klaxon et un rétroviseur si ton vélo n'en possède pas. Porte un casque. Tu auras l'air d'un champion et ta tête sera protégée si tu tombes.

En France, il faut rouler à droite. Dans certains pays comme l'Angleterre, on roule à gauche. À vélo, reste très à droite de la route pour que les voitures puissent te doubler.

Avec tes amis, restez toujours en file indienne sur la route, jamais côte à côte. Cela gênerait les voitures.

C'est très dangereux de rouler à vélo derrière un camion. Il ne te voit pas et s'il freine ou tourne brusquement, tu n'auras pas le temps de t'arrêter.

Aux croisements, signale toujours que tu vas tourner en tendant le bras du côté où tu tournes.

Ne slalome pas entre les voitures, ne fais pas d'acrobaties dans la rue. C'est trop risqué !
Ne porte pas des vêtements larges qui peuvent se coincer dans les roues. Roule avec des habits clairs et réfléchissants pour être vu de jour comme de nuit par les voitures. Il n'y a pas besoin de permis pour rouler à vélo mais il est prudent d'apprendre à reconnaître les panneaux de circulation. Demande à tes parents de t'aider.

Pour les grands :

Pensez-vous à vérifier régulièrement avec vos enfants l'état de leurs vélos ?

Pourquoi ne pas réviser avec eux le code de la route en leur apprenant la signification des principaux panneaux ?

« Quand
on roule à vélo,
on n'oublie pas
les autos. »

Le voyage des Cochons d'Inde et des Chats persans

Il était une fois une famille Cochons d'Inde très excitée ! Demain ils partent en Inde. Tout est déjà prêt pour ce long voyage.

Les Chats persans ont bien envie d'en faire autant : « Demain, nous partons pour la Perse », déclare soudain Papa Chat persan.

Aussitôt dit, aussitôt fait ! Les valises à peine bouclées, toute la famille se précipite dans la monstromobile apprivoisée.

Toutes les ceintures
sont bouclées. La monstromobile
des Cochons d'Inde peut démarrer.

La route est longue jusqu'en Inde : les enfants comptent les éléphants roses pour faire passer le temps.

« Qui veut voyager loin ménage sa voiture. »

Telle est la devise de papa Cochon d'Inde qui ne roule jamais vite. Il s'arrête souvent pour ne pas être fatigué. Les enfants en profitent.

Ils s'amusent comme des petits fous !

Quel tintamarre dans la monstromobile des Chats persans ! Les chatons miaulent à tue-tête et font des galipettes.

Ils ont très envie de faire pipi, mais papa Chat persan ne veut rien entendre : le téléphone à l'oreille, il appuie sur l'accélérateur.

Boum ! Les Chats persans, imprudents, n'ont pas pu éviter cet hippopotame sur la route.

Les Cochons d'Inde ouvrent très grands leurs jolis petits yeux de cochon pour admirer les merveilles de l'Inde.

Les Chats persans, quant à eux, tout abîmés, bien cabossés, la queue basse et le poil ras, s'en retournent chez eux lamentablement.

L'hippopotame a perdu une dent dans l'accident. Ce gros gourmand aura désormais bien du mal à manger.

Petits et grands, parlons-en...

Pour qu'il y ait moins d'accidents, les conducteurs comme les passagers doivent être très prudents en voiture.

Pour éviter les blessures en cas de choc, tout le monde doit attacher sa ceinture, à l'avant comme à l'arrière. C'est obligatoire ! En cas de choc, une personne qui n'est pas attachée à l'arrière peut s'écraser sur un passager avant et le tuer.

Il faut être sage en voiture pour ne pas énerver le conducteur. Ne crie pas, ne chahute pas, ne chatouille personne et ne joue pas à la balle. Elle peut rouler sous les pédales et provoquer un grave accident.

Ne sors jamais la tête ou le bras par la fenêtre. Une voiture pourrait te blesser en doublant...

N'encourage jamais un conducteur à aller vite. La vitesse est responsable de beaucoup d'accidents graves.

Pour les grands :

Savez-vous qu'en cas de choc à 50 km/heure un enfant de 25 kilos, non attaché, se transforme en projectile d'une tonne ?

Savez-vous que deux accidents sur trois se produisent à moins de 15 km du domicile ?

Savez-vous qu'une diminution de 10 % de la vitesse entraîne une baisse de 20 % des accidents graves et de 40 % des accidents mortels ?

Savez-vous que lorsque vous vous passez la main dans les cheveux ou que vous vous grattez le front mécaniquement, c'est que vous êtes trop fatigué pour rouler ?

Savez-vous qu'il est interdit et très dangereux de téléphoner en roulant ?

Savez-vous que deux verres d'alcool représentent environ 0,5 gramme d'alcool par litre de sang ? Au-delà de cette limite, vous n'avez plus le droit de conduire.

« En voiture, il n'y a pas de meilleure armure que la ceinture. »

En route pour les jeux

Halte au danger !

Quinze habitants de Piétonville courent un grave danger. Cherche-les sur ce dessin.

Le langage des signaux

Comprends-tu les messages des panneaux de signalisation ? Relie chaque panneau à sa bonne définition.

A

1 - Interdiction
de tourner à gauche

B

2 - Voie réservée
aux autobus

C

3 - Circulation interdite
à tout véhicule

D

4 - Descente
dangereuse

E

5 - Annonce d'un
feu tricolore

Les panneaux triangulaires, bordés de rouge, annoncent un danger.

Les panneaux ronds bordés de rouge annoncent une interdiction.

Les panneaux ronds et bleus annoncent une obligation.

Les panneaux carrés et bleus annoncent une indication.

F

6 - Accès interdit
aux bicyclettes

7 - Accès interdit
aux piétons

G

H

8 - Passage
pour piétons

I

9 - Sens interdit

J

10 - Passage à niveau
sans barrière

Où va-t-elle ?

À ton avis, quel personnage risque fort de rencontrer cette monstromobile quand elle aura avancé ?

Jeux de mots

Essaie de faire cette charade pour découvrir la cousine actuelle des monstromobiles.

Avec mon premier, on se lave
Mon deuxième est la moitié de Toto
On fait des phrases avec mon troisième
Mon quatrième est fabriqué par le foie
Mon tout sert à nous transporter

Douze moyens de locomotion se cachent dans cette grille. Trouve-les.

(Ils se lisent de gauche à droite, de droite à gauche, de haut en bas et de bas en haut. Une même lettre peut servir 2 fois.)

E	T	T	E	S	S	U	O	P	N	V	J
R	O	L	L	E	R	G	S	E	I	E	U
Z	I	S	A	M	O	T	O	M	A	L	I
C	A	M	P	I	N	G	C	A	R	O	X
A	B	R	U	X	R	A	C	O	T	U	A
M	E	T	T	E	N	I	T	T	O	R	T
I	A	U	T	O	B	U	S	R	V	L	M
O	Y	E	L	I	B	O	M	O	T	U	A
N	U	S	A	N	U	Z	I	E	L	S	K

Vrai ou faux ?

Tu es maintenant un champion de la sécurité routière. Tu sauras certainement répondre à ces questions. Propose à tes parents de jouer avec toi. Seront-ils aussi calés que toi ?

1. Attacher sa ceinture à l'arrière de la voiture n'est pas obligatoire. Vrai • Faux

2. Rouler vite n'est pas dangereux. Vrai • Faux

3. Les rollers et les trottinettes ne doivent pas rouler sur les trottoirs. Vrai • Faux

4. Il faut traverser quand le feu est rouge. Vrai • Faux

5. Il faut attendre que le bonhomme soit rouge. Vrai • Faux

6. Il est permis de fermer les yeux en traversant. Vrai • Faux

7. Jouer au ballon dans la rue est dangereux. Vrai • Faux

8. Les panneaux triangulaires indiquent des interdictions. Vrai • Faux

Réponses aux jeux

Page 70 : Vrai ou faux ?

1. Faux - 2. Faux - 3. Faux - 4. Vrai -
5. Faux - 6. Faux - 7. Vrai - 8 Faux .

Page 69 : Jeux de mots

Automobile (eau - to - mot - bile)

Moyens de locomotion cachés dans la grille :

Autobus - Autocar - Automobile - Camion - Camping-car - Moto - Poussette - Roller - Taxi - Train - Trottinette - Vélo

Page 68 : Où va-t-elle ?

La fourmi risquera fort de rencontrer la monstromobile si celle-ci démarre !

Pages 66-67 : Le langage des signaux

A - 9 / B - 6 / C - 10 / D - 8 / E - 3 / F - 4 / G - 2 / H - 1 / I - 5 / J - 7

Pages 64 - 65 : Halte au danger !

En suivant les personnages de haut en bas et de gauche à droite, voici les imprudents : la tortue qui marche dans la rue. Madame la maraboute qui va tomber dans la bouche d'égout. La fourmi qui traverse en dehors du passage pour les piétons. Le cochon qui traverse la rue en lisant son journal. Le poussin qui se cache entre deux voitures en stationnement. Le chat qui ne regarde pas la sortie de garage. La souris-acrobate qui risque de tomber sur les moutons. Le mouton qui joue à saute-mouton trop près de la bordure du trottoir. L'âne qui prend la rue pour un terrain de foot. Le pélican sur sa trottinette qui va renverser la maraboute. Le lapin en roller qui va écraser la queue du mille-pattes. La coccinelle qui veut rejoindre son amie la fourmi sans emprunter le passage pour les piétons. Petit Pingouin qui roule à vélo au milieu de la rue. Le mille-pattes qui risque fort d'avoir la queue écrasée par une monstromobile. Le mouton qui veut récupérer le ballon qui roule entre les voitures.

sécurité routière

Chaque année en France, des centaines d'enfants meurent prématurément ou sont gravement blessés à pieds, à vélo, en voiture, sur le chemin de l'école, sur le trajet des courses ou sur la route des vacances…
Ce n'est qu'en grandissant qu'un enfant apprendra à veiller à sa propre sécurité. En attendant, c'est à nous, parents, enseignants, éducateurs, de l'aider à intégrer les règles de «survie» dans la rue.
Appréhender les dangers, partager l'espace en respectant les autres usagers, appliquer les règles élémentaires de sécurité… cela s'apprend et se comprend dès le plus jeune âge.
Afin de faciliter cet apprentissage, la Sécurité routière réalise régulièrement des outils pédagogiques destinés aux enfants. Parce que l'école est avec le cercle familial un vecteur majeur de l'éducation à la sécurité sur la route, elle travaille également en étroite collaboration avec le monde enseignant.
C'est en donnant ainsi des réponses concrètes et adaptées à la portée des enfants, que la Sécurité routière entend alerter, sensibiliser et éduquer petits et grands sur le civisme et le respect d'autrui dans « la rue de tous les dangers… »